我要做個好公民

新雅文化事業有限公司
www.sunya.com.hk

小跳豆
幼兒好行為情境故事系列

跟着跳跳豆和糖糖豆一起培養好行為！

培養孩子的各種生活技能和好成績，固然重要，但也不要忽略品格培育。其實一個人成功與否，與他的品格好壞有莫大的關係。

《小跳豆幼兒好行為情境故事系列》共 6 冊，針對 3-7 歲孩子常犯的毛病或需要關注的地方，分為六個不同的範疇，包括做個好孩子、做個好學生、做個好公民、注意安全、有禮貌和有同理心，透過跳跳豆、糖糖豆以及一眾豆豆好友的經歷，教導孩子在不同的處境中，學習正確的態度和行為，並引入選擇題的方式，鼓勵孩子判斷什麼是正確，什麼是不正確。

書末設有「親子說一說」和「教養小貼士」的欄目，給家長一些小提示和教育孩子的方向，幫助家長在跟孩子進行親子閱讀時，一起討論他們所選擇的結果，讓孩子明白箇中道理。「我的好行為」的欄目，讓孩子檢視自己有什麼好行為，鼓勵孩子自省並保持良好行為，長大後成為一個守規矩、負責任、有禮貌、能獨立思考、真正成功的人。

新雅・點讀樂園 **升級功能**

以互動方式提升孩子的判斷力，養成好行為！

本系列屬「新雅點讀樂園」產品之一，若配備新雅點讀筆，爸媽和孩子可以使用全書的點讀功能，孩子可以先點選情境故事的內容，聆聽什麼是正確的行為，然後判斷該怎樣做，選出合適的答案。透過互動遊戲的方式，讓孩子邊聽邊學邊玩，同時提升孩子的判斷力，養成良好的行為。

「新雅點讀樂園」產品包括語文學習類、親子故事和知識類等圖書，種類豐富，旨在透過聲音和互動功能帶動孩子學習，提升他們的學習動機與趣味！

想了解更多新雅的點讀產品，請瀏覽新雅網頁(www.sunya.com.hk)或掃描右邊的QR code進入 新雅・點讀樂園 。

如何使用新雅點讀筆閱讀故事？

1. 下載本故事系列的點讀筆檔案

1️⃣ 瀏覽新雅網頁(www.sunya.com.hk) 或掃描右邊的QR code 進入  。

2️⃣ 點選 下載點讀筆檔案 ▶ 。

3️⃣ 依照下載區的步驟說明，點選及下載《小跳豆幼兒好行為情境故事系列》的點讀筆檔案至電腦，並複製至新雅點讀筆的「BOOKS」資料夾內。

2. 啟動點讀功能

開啟點讀筆後，請點選封面右上角的 🖊️新雅‧點讀樂園 圖示，然後便可翻開書本，點選書本上的故事文字或圖畫，點讀筆便會播放相應的內容。

3. 選擇語言

如想切換播放語言，請點選內頁右上角的 📢粵語 🗣️粵/口 普 圖示，當再次點選內頁時，點讀筆便會使用所選的語言播放點選的內容。

4

如何運用點讀筆進行互動學習

不要隨地丟垃圾

很多小朋友，在離開自己的家後，就忘了保持環境清潔的好習慣。其實不論是在公共場所或外出郊遊，我們都要牢牢記住：不可隨地亂丟垃圾，應該讓大家都有一個乾淨的環境。

今天，豆媽媽帶跳跳豆上街去。回家途中經過一個公園，跳跳豆在公園坐下喝果汁。跳跳豆喝完了，接下來，跳跳豆該怎樣做才是正確的呢？

點選語言圖示，可切換至粵語、口語或普通話

點選圖中的角色，可聆聽對白

1 先點選情境文字的頁面，聆聽什麼是正確的行為和理解所發生的事情

小朋友，請你閱讀以下選項，然後在右頁選出正確答案：　　　　我的選擇是：Ⓐ Ⓑ 🟡🟡🟡

2 翻至下一頁，你可先點選頁面，聆聽選擇A和選擇B的內容

選擇 A

跳跳豆把空盒子丟進垃圾桶。「我要保持地方清潔。」跳跳豆說。

選擇 B

跳跳豆把空盒子丟在地上。「就這樣丟在地上吧，反正這裏不是我的家。」跳跳豆說。

3 最後作出你的選擇！點選 Ⓐ 或 Ⓑ，然後聽一聽你是否選對了

每冊書末同時設有「親子說一說」欄目，給家長一些小提示，讓家長在跟孩子進行親子閱讀時，也能一起討論他們所選擇的結果啊！

不要隨地丟垃圾

很多小朋友，在離開自己的家後，就忘了保持環境清潔的好習慣。其實不論是在公共場所或外出郊遊，我們都要牢牢記住：不可隨地亂丟垃圾，應該讓大家都有一個乾淨的環境。

今天，豆媽媽帶跳跳豆上街去。回家途中經過一個公園，跳跳豆在公園坐下喝果汁。跳跳豆喝完了，接下來，跳跳豆該怎樣做才是正確的呢？

選擇 A

跳跳豆把空盒子丟進垃圾桶。「我要保持地方清潔。」跳跳豆說。

選擇 B

　　跳跳豆把空盒子丟在地上。「就這樣丟在地上吧，反正這裏不是我的家。」跳跳豆說。

9

把垃圾分類放進垃圾桶裏

　　凡是要丟棄的家居垃圾，都應該放進垃圾袋裏，然後把袋子綁緊，再放進垃圾桶裏。這樣，清潔人員來收集時，垃圾才不會掉得滿地都是，破壞居住地方的環境衞生。此外，有些可循環再造的垃圾，應該分類扔進垃圾桶裏。

　　晚飯後，糖糖豆幫豆爸爸清理垃圾，她拿着幾個空膠瓶。接下來，糖糖豆該怎樣做才是正確的呢？

選擇 A

糖糖豆把空膠瓶隨手放進廢紙回收箱裏。

選擇 B

糖糖豆把空膠瓶放進塑料回收箱裏。

節約用水，節省電力

　　水和電對我們很重要，如果少了它們，生活就變得很不方便。因此，為了不浪費寶貴的資源，我們應該養成隨手關電燈、扭緊水龍頭的好習慣，因為節約能源是每一個人的責任。

　　晚上九時，糖糖豆準備睡覺了。她走進浴室，開了燈，然後刷牙洗臉。接下來，糖糖豆該怎樣做才是正確的呢？

選擇 A

刷牙洗臉過後，糖糖豆扭緊了水龍頭和關了電燈，然後去睡覺。

選擇 B

　　刷牙洗臉過後，糖糖豆扭緊了水龍頭，卻忘記關燈，就這樣去睡覺了。

游泳池內不能小便

公共游泳池是開放給公眾人士游泳、運動和休閒的場所。為了保障大家的健康，我們應該保持游泳池的清潔衞生。如果在游泳時突然想小便，就要馬上離開游泳池去上洗手間，而不是在游泳池裏就地解決。

假日裏，跳跳豆和火火豆到游泳池游泳。跳跳豆突然想去小便。但是他發現洗手間在很遠處。接下來，跳跳豆該怎樣做才是正確的呢？

選擇 A

　　跳跳豆實在忍不住了，於是就在游泳池裏解決。

選擇 B

　　雖然洗手間在很遠處，但是跳跳豆仍然走上池邊，然後對火火豆說：「我現在去洗手間。」

21

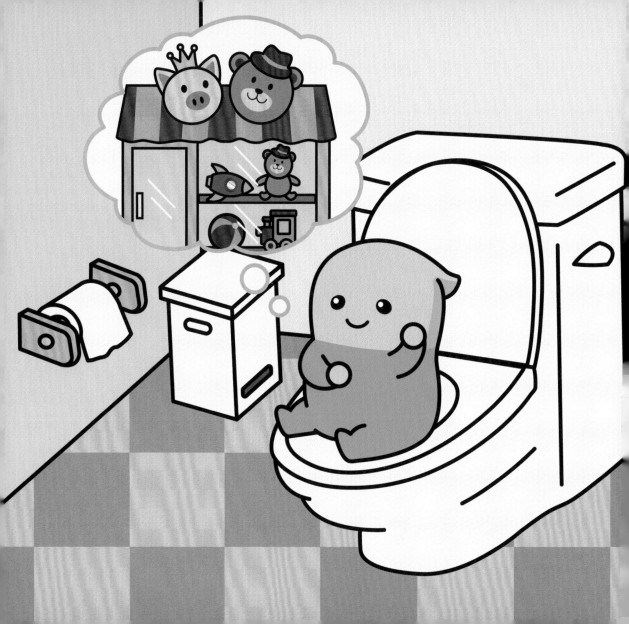

上完廁所要沖水和洗手

不論是在家裏還是在外使用廁所後，都要沖水，把乾淨的廁所留給下一位使用者，這不僅是一種良好的衛生習慣，也是一種禮貌。此外，上完廁所後，也別忘了要洗手。

今天，跳跳豆去逛商場。在上廁所的時候，他想起玩具店快到關門的時間。跳跳豆心裏很着急。接下來，跳跳豆該怎樣做才是正確的呢？

選擇 A

跳跳豆先蓋上馬桶蓋，然後沖水。他也沒有忘記要洗淨雙手。

選擇 B

　　因為跳跳豆心裏只想着去玩具店，於是他上完廁所後便匆匆把手洗淨，卻忘了要沖水。

25

在公眾地方不要太吵鬧

　　當我們在一些公眾地方，例如：乘坐公共交通工具時、在餐廳裏吃東西時或參觀博物館時，不要大聲講話或發出噪音，因為在公眾地方太吵鬧，會影響到別人，破壞了安靜的環境。

　　今天，豆媽媽帶跳跳豆和糖糖豆上街去。在列車上，跳跳豆在看媽媽手機裏的動畫片。他對糖糖豆說：「讓我把音量調高一點！」接下來，糖糖豆該怎樣做才是正確的呢？

選擇 A

糖糖豆對跳跳豆說：「哥哥，在車廂裏我們不可以聲音太大，會影響到其他乘客的。」

選擇 B

糖糖豆對跳跳豆說：「好！把音量調高一些吧！」

路不拾遺

　　如果有人不小心丟了東西，他心裏一定很着急。所以，當小朋友撿到別人遺失的東西時，決不可以據為己有，應趕快交給父母、老師或警察，做個誠實的好孩子。

　　這天，糖糖豆剛走出課室，便發現地上有一個漂亮的小袋子。糖糖豆心想：「不知道這小袋子是誰的呢？真漂亮呀！」 接下來，糖糖豆該怎樣做才是正確的呢？

選擇 A

糖糖豆拾起了小袋子，心想：「反正這小袋子是有人弄丟了，我就把它帶回家！」

選擇 B

　　糖糖豆拾起了小袋子，把它交給茄子老師，說：「我在課室外發現了這個小袋子，一定是有人不小心弄丟了！」

33

親子說一說

小朋友，看完這本書，你可以看看自己選得對不對。 如果你選了7個 😃 ，你就是一個小小好公民了。

情境	選擇A	選擇B	小提示
不要隨地丟垃圾	😃	🙁	小朋友在公園玩耍或在街上時，會不會為了方便而隨手丟垃圾？垃圾也有它們的「家」，小朋友應該好好把垃圾帶進垃圾箱或回收箱，保持優美的環境。
把垃圾分類放進垃圾桶裏	🙁	😃	把垃圾分類，有助回收資源，把垃圾循環再造，減少製造過量垃圾，讓地球先生健康起來。
節約用水，節省電力	😃	🙁	水和電力都不是隨時可有的能源，有些地方的小朋友會沒有水喝，沒有水洗澡；他們因沒有電而生活在黑漆漆的環境裏。所以小朋友記得要珍惜食水，不要浪費電力。

情境	選擇A	選擇B	小提示
游泳池內不能小便	😞	😀	游泳池是公眾地方，小朋友如果想小便，應該要上洗手間，切勿在泳池裏便溺。試想想，如果你身處的泳池裏，別人在小便，你的身也會沾上別人的小便啊！那是多麼的不衛生！
上完廁所要沖水和洗手	😀	😞	使用廁所後，記得要蓋好馬桶蓋沖水，還要記得洗手。這樣才能保持清潔衛生，趕走細菌。
在公眾地方不要太吵鬧	😀	😞	在公眾地方，例如車廂裏、餐廳等，盡量要保持安靜。小朋友會因一時玩得興起而高聲叫嚷，這會騷擾到別人。當使用電話聽音樂或看動畫片時，更不要發出太大聲浪，要顧及別人的感受才可。
路不拾遺	😞	😀	不是自己的東西，切勿據為己有。試想像當自己心愛的玩具不見了的時候，是多麼的傷心。所以當我們撿到別人弄丟的東西時，要通知大人，幫助別人尋回失物。

教養小貼士

　　培養孩子良好的公民素質，需要從小一點一滴地培養積累，讓孩子從小形成良好的公民道德意識和學習遵守社會規則的活動。爸爸媽媽可以嘗試以下方法：

🫘 帶孩子外出時，最好自備垃圾袋，安放暫時無處容身的垃圾，讓孩子們感受到保持乾淨整潔是一種美德，體驗優美的環境給人們帶來的好處。

🫘 引導孩子多考慮別人的感受。例如：當自己上廁所時，發現廁所十分骯髒，會覺得怎樣；如果自己心愛的物品不見了，更被別人拿走時，又會覺得怎樣。從而讓孩子學習去理解別人的感受。

🫘 可以讓孩子透過閱讀故事等途徑，多接觸社會議題，例如：氣候變化、全球暖化、資源不足、貧窮等，讓孩子知道珍惜資源和愛護社會的重要性。

小朋友，你是一個好公民嗎？看看下面各項，你是否都已經做得到？請你在適當的空格內加 ✓。

項目	我做得到	我有時做到	我未做到
不會隨地丟垃圾			
把垃圾分類放進垃圾桶裏			
珍惜地球的資源，例如：重用紙張			
上完廁所會沖水和洗手			
節約用水，隨手關燈			
不會在牆壁上亂塗亂畫			
不會在公物上刻字			
不會故意毀壞公物			
在公眾場所不會吵鬧			
不會任意採摘花朵			
游泳池內不會小便			
遵守公眾場地的規則，例如：參觀博物館時不隨意觸摸展品等。			
有需要時會戴上口罩，避免傳播細菌			

小跳豆 故事系列 （共8輯）
Jumping Bean

讓豆豆好友團 陪伴孩子快樂成長！

提升自理能力，學習控制和管理情緒！

幼兒自理故事系列（一套6冊）

《我會早睡早起》
《我會自己刷牙》
《我會自己上廁所》
《我會自己吃飯》
《我會自己收拾玩具》
《我會自己做功課》

幼兒情緒故事系列（一套6冊）

《我很生氣》
《我很害怕》
《我很難過》
《我很妒忌》
《我不放棄》
《我太興奮》

培養良好的品德，學習待人處事的正確禮儀！

幼兒德育故事系列（一套6冊）

《我不發脾氣》
《我不浪費》
《我不驕傲》
《我不爭吵》
《我會誠實》
《我會關心別人》

幼兒禮貌故事系列（一套6冊）

《在學校要有禮》
《吃飯時要有禮》
《客人來了要有禮》
《乘車時要有禮》
《在公園要有禮》
《在圖書館要有禮》

建立良好的心理素質，提高幼兒的安全意識！

幼兒生活體驗故事系列（一套 6 冊）

《上學的第一天》
《添了小妹妹》
《我愛交朋友》
《我不偏食》
《我去看醫生》
《我迷路了》

幼兒生活安全故事系列（一套 6 冊）

《我小心玩水》
《我不亂放玩具》
《我小心過馬路》
《我不亂進廚房》
《我不爬窗》
《我不玩自動門》

培養孩子良好的習慣和行為，成為守規矩和負責任的孩子！

幼兒好習慣情境故事系列（一套 6 冊）

《公德心》
《公眾場所》
《社交禮儀》
《清潔衞生》
《生活自理》
《與人相處》

幼兒好行為情境故事系列（一套 6 冊）

《我要做個好孩子》
《我要做個好學生》
《我要做個好公民》
《我要注意安全》
《我要有禮貌》
《我要有同理心》

小跳豆幼兒好行為情境故事系列

我要做個好公民

作者：楊幼欣

改編：新雅編輯室

繪圖：劉麗萍

責任編輯：趙慧雅

美術設計：劉麗萍

出版：新雅文化事業有限公司

香港英皇道499號北角工業大廈18樓

電話：(852) 2138 7998

傳真：(852) 2597 4003

網址：http://www.sunya.com.hk

電郵：marketing@sunya.com.hk

發行：香港聯合書刊物流有限公司

香港荃灣德士古道220-248號荃灣工業中心16樓

電話：(852) 2150 2100

傳真：(852) 2407 3062

電郵：info@suplogistics.com.hk

印刷：中華商務彩色印刷有限公司

香港新界大埔汀麗路36號

版次：二〇二二年七月初版

二〇二四年四月第二次印刷

ISBN: 978-962-08-8023-0